Maya Marlabaad, Redh Raydhinig Huudh!

Not Again, Red Riding Hood!

Kate Clynes & Louise Daykin

Somali translation by Adam Jama

mantra

Redh Raydhinig Huudh waxay ku ciyaarasay beerta debedda, intii ka dambaysay wixii uu ku sameeyay yaygii xumaa.

"Redh Raydhinig Huudh," hooyadeed baa u yeedhay, "waxaan sameeyay quraac ama bursaliid, kaalay qaado mid. Maad qaar u gaysid Aabahaana?"

Redh Raydhinig Huudh weli waa ka yar baqaysay kaynta. Laakiin hooyadeed baa caawimo u baahan, Aabaheedna wuu jecelyahay quraaca, markaasaay yeeshay.

Red Riding Hood was playing in the garden after her terrible ordeal with that nasty wolf.

"Red Riding Hood," called her Mum, "I've made cookies, come and get one. Why not take some to Dad?"

Now Red Riding Hood still felt a bit nervous about going into the wood. But Mum needed her help, and Dad loved his cookies. So, she agreed to go.

Her Mum counted ten freshly made cookies into a basket. 2, 4, 6, 8, 10. Red Riding Hood gave her Mum a big hug and off she went.

Hooyadeed ayaa toban midh oo quraac ah ku tirisay
selleddii. 2, 4, 6, 8, 10.
Markaasaa Redh Raydhinig Huudh intay hooyadeed
xabbadka saartay ayay dhaqaaqday.

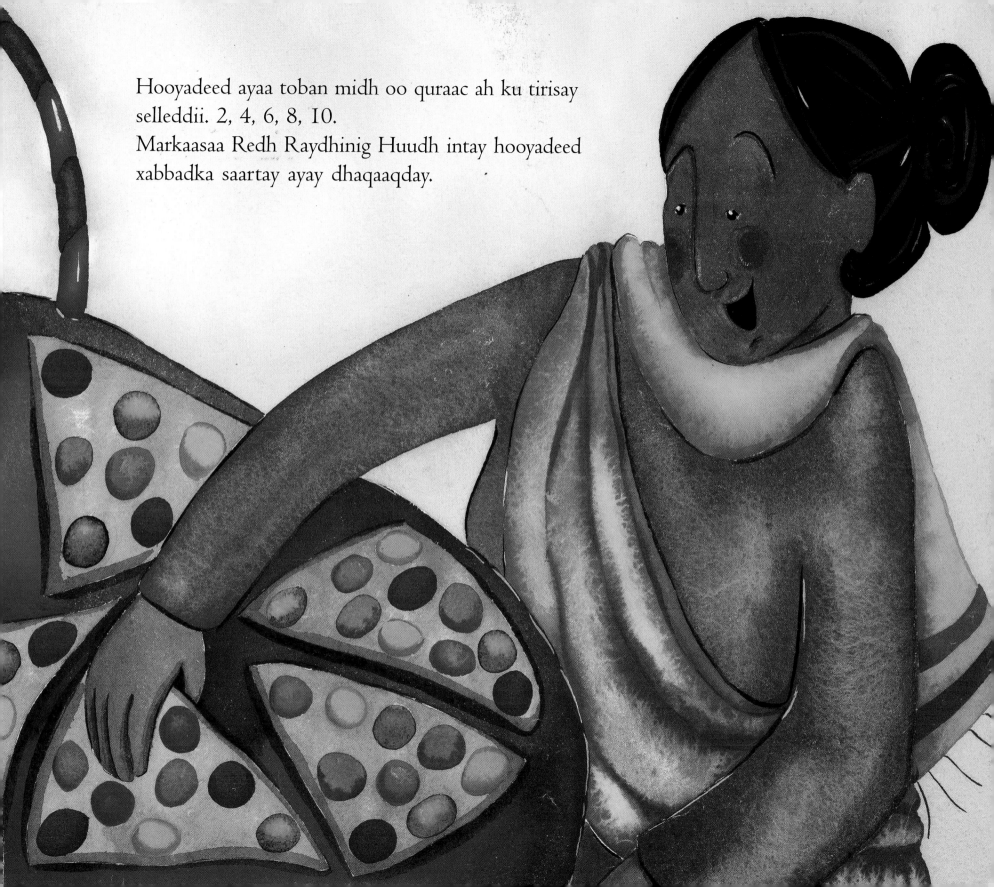

Wax yar markay socotayba waxay maqashay cod yar: "Redh Raydhinig Huudh, Redh Raydhinig Huudh, wax la cuno ma siddaa? In badan ayaan geedkan dushiisa saarnaa, oo gaajo ayaan u bakhtiyayaayeh."

"Soo raarid selleddaada," ayay tidhi Redh Raydhinig Huudh, "waxaan kuu hayaa quraac macaan oo imika la sameeyay eh."

She hadn't gone far when she heard a small voice: "Red Riding Hood, Red Riding Hood, have you any food? I've been stuck up in this tower for ages and I'm starving."

"Send down your basket," said Red Riding Hood. "I have a delicious, freshly made cookie for you."

"Yami, waa kaan ugu jeclaa,"
ayuu ku jawaabay Rabuunsel.
"Waannu ku faraxsannahay inaad
soo baxday, ka dib wixii uu kugu
sameeyay yaygii xumaa."

"Yummy, my favourite," replied Rapunzel.
"It's good to see you out again, so soon after
your terrible ordeal with that nasty wolf."

Redh Raydhinig Huudh ayaa halkii kasocotay si
ay aabbaheed ugu gayso quraacii cusbaa.
Selleddii ayay hoos u eegtay.
10kii waxay isu beddeleen 9!

Red Riding Hood set off again to deliver the
freshly made cookies to her Dad.
She looked into her basket.
10 had become 9!

Markay cabbaar socotay ayay soo gaadhay gurigii reer Beyeer. Beerta ayay miis dulfadhiyeen odaygii, islaantii iyo ilmihii Beyeerka oo saddex maddiibadood oo madhan sidaa u eegaya. "Redh Raydhinig Huudh, Redh Raydhinig Huudh, wax la cuno ma siddaa? Gaajo ayaannu u bakhtiyaynaa. Boorashkayagii oo dhanna waa la cunay!"

After a while she arrived at Mr and Mrs Bear's house. They were sitting around their garden table with Baby Bear staring into three very empty bowls. "Red Riding Hood, Red Riding Hood, have you any food? We're starving. Someone's eaten all our porridge!"

Illeen Redh Raydhinig Huudh waxay
ahayd gabadh yar oo naxariis badan eh
quraacii cusbaa ayay mid walba
madiibaddiisii xabad usaartay.

Now Red Riding Hood was a kind little girl and she popped one freshly
made cookie into each of their bowls.

"Ooooh waad mahadsan tahay," ayay yidhaahdeen beyeerradii. "Waannu ku faraxsannahay inaad soo baxday, ka dib wixii uu kugu sameeyay yaygii xumaa."

"Oooooh, thank you," said the bears. "It's good to see you out again, so soon after your terrible ordeal with that nasty wolf."

Redh Raydhinig Huudh ayaa halkii ka socotay.
Markaasaay selleddii eegtay. 9kii waxay noqdeen 6!
Markay wax yar socotayba waxay gaadhay gurigii Ayaydeed.
"Waa inaan sii eegaa siday Ayeeyo noqotay ka dib wixii uu ku sameeyay
yaygii xumaa," ayay ku fekertay Redh Raydhinig Huudh.

Red Riding Hood marched on.
She looked into her basket. 9 had become 6!
She hadn't gone far when she reached Grandma's house.
"I must see how Grandma is after her terrible ordeal with
that nasty wolf," thought Red Riding Hood.

Ayeeyo sariirta ayay ku jiiftay.
"Ayeeyo, Ayaayo, waxaad u muuqataa inaad gaajo u
bakhtiyayso," ayay tidhi Redh Raydhinig Huudh.

Grandma was in bed.
"Grandma, Grandma, you look starving," said Red
Riding Hood.

"Waa inaad mid ka qaadataa quraacan ay hooyo samaysay. Aabbe ayaan qaar u sidaa, raalli buu ka yahay inaad mid qaadato."

"Aad baad u mahadsan tahay gacaliso," ayay tidhi Ayaydeed. "Waxaa tahay gabadh naxariis badan. Haddaba dhakhso oo aabbahaa gaadhsii yuu in badan ku sugin eh."

"You must have one of Mum's home made cookies. I'm taking some to Dad, and he won't mind you having one."

"Thank you dear," said Grandma. "You are a thoughtful girl. Now run along and don't keep your father waiting."

Redh Raydhinig Huudh ayaa intay Ayaydeed dhabanka
ka dhunkatay ayay orodday si ay aabbaheed u raadiso.
Selleddii ayay eegtay. 6dii waxay noqotay 5!

Red Riding Hood gave Grandma a kiss on the cheek
and rushed off to find her Dad.
She looked into her basket. 6 had become 5!

Waqti ka dib ayay webigii gaadhay. Saddex orgi oo caato ah ayaa meel caws qallalay leh jiifay.

"Redh Raydhinig Huudh, Redh Raydhinig Huudh, wax la cuno ma siddaa? Gaajo ayaannu u bakhtiyaynaa."

After a while she reached the river. Three very scrawny billy goats were lying on a patch of rather brown grass.

"Red Riding Hood, Red Riding Hood, have you any food? We're starving."

"Webiga ayaannu ka gudbi kariwaynay si aannu dooggaas cusub
u soo daaqno," ayay yidhaahdeen. "Waxaa jooga Tarrool aan
naxayn oo sugaaya inuu na cuno."

"We can't cross the bridge to eat the lush green grass,"
they said. "There's a mean and hungry
troll waiting to eat us."

"Masaakiin baa tihiin, bal hooya quraacan guriga lagu soo sameeyay, aad buu u macaan yahay. 1, 2, 3."

"You poor things, try some home made cookies, they're delicious. 1, 2, 3."

"Aad baad u naxariis badan tahay," ayay yidhaahdeen
orgiyadii. "Waannu ku faraxsannahay inaad
soo baxday, ka dib wixii uu kugu
sameeyay yaygii xumaa."

"You're very kind," said the billy goats.
"Nice to see you out again, so soon after
your terrible ordeal with that nasty wolf."

Redh Raydhinig Huudh ayaa halkii ka socotay. Selleddii ayay hoos u eegtay. 5tii waxay noqotay 2!
"Haatan wax yay xun ahi ma joogaan meelahan," ayay ku fekertay Redh Raydhinig Huudh.
Markaas ayaa…

Red Riding Hood ran on. She looked into her basket.
5 had become 2!
"Well at least there aren't any nasty wolves around here," thought Red Riding Hood.
Just then…

…yay ka soo booday horteeda.
"Haye, haye, haye!" ayuu yidhi yaygii. "Ma waxaa meesha maraysa Redh Raydhinig Huudh nafteedii, oo durba soo baxday ka dib wixii uu ku sameeyay walaalkay. Markaan ku arkay ayaan hungurooday."
"Quraacayga waxba lagaa siin maayo," Redh Raydhinig Huudh ayaa yar qaylisay.

…a wolf jumped out in front of her.
"Well, well, well!" said the wolf. "If it isn't Red Riding Hood out again, so soon after your terrible ordeal with my brother. Seeing you makes me feel rather peckish."
"You can't have any of my cookies," squeaked Red Riding Hood.

"Quraacaaga umaan jeedin," ayuu yaygii ku reemay intuu ku soo booday.

"I wasn't thinking about cookies,"
growled the wolf as he leapt towards her.

Aabbaheed ayaa intuu qayladii maqlay,
jidib kula soo orday.

Hearing a scream, her Dad appeared
wielding his axe.

Redh Raydhinig Huudh! Carar!" ayuu ku muusanaabay intuu eryaday yaygii.
"Maya marlabaad, Redh Raydhinig Huudh," ayuu ku fekeray Aabbe.

"Run, Red Riding Hood! Run!" he bellowed as he chased the wolf away.
"Not again, Red Riding Hood," thought Dad.

Wixii qabsaday ka dib labadiiba way gaajoodeen.
Selleddii ayay gacanta gelisay.
"Midna adaa leh midna aniga," ayay tidhi Redh Raydhinig Huudh.

They were both hungry after their terrible ordeal.
She reached into her basket.
"One for you and one for me," said Red Riding Hood.

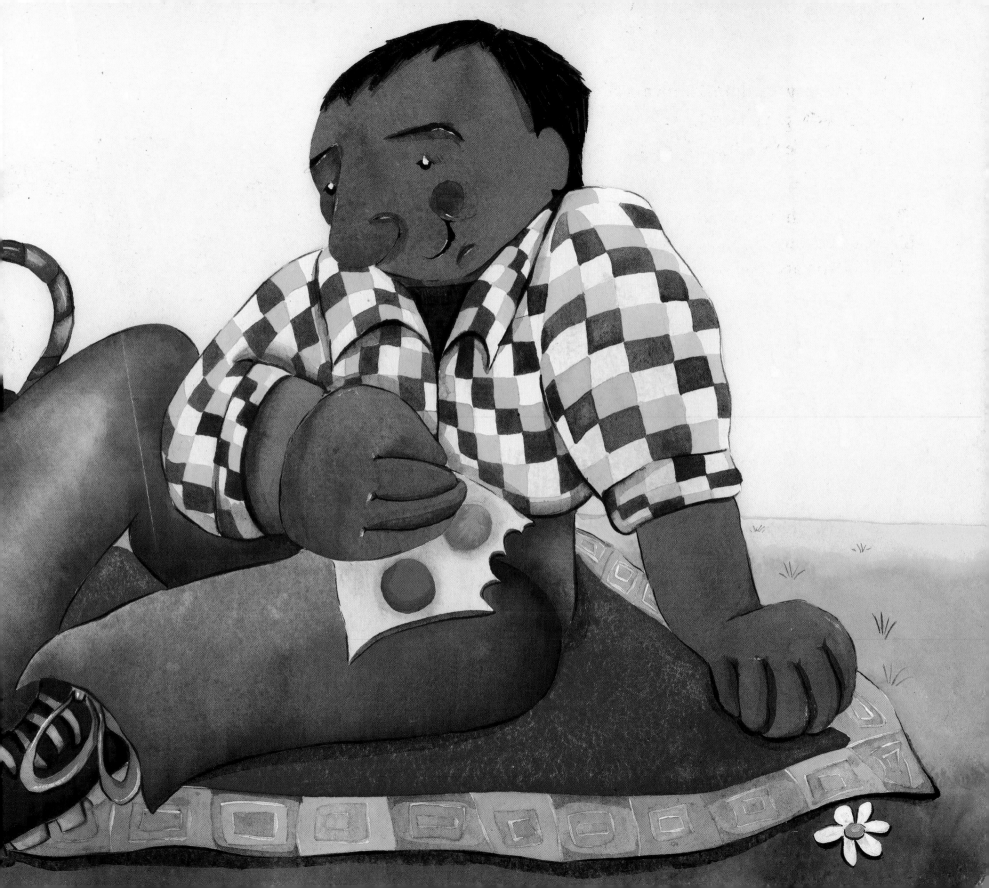

Dabeedna waxba masoo hadhin.

And then there were none.

British Library Cataloguing-in-Publication Data:
a catalogue record for this book is available
from the British Library.

First published 2003 by Mantra
5 Alexandra Grove, London N12 8NU, UK
www.mantralingua.com